SECONDE RÉPONSE

DU MARQUIS DE MAILLY-NESLE

A M. LE Cte DE COURONNEL

LAVAL

IMPRIMERIE DE L. MOREAU

1892

SECONDE RÉPONSE
DU MARQUIS DE MAILLY-NESLE
A M. LE COMTE DE COURONNEL

Imp. L. Moreau

Laval

SECONDE RÉPONSE

DU MARQUIS DE MAILLY-NESLE

A M. LE Cte DE COURONNEL

LAVAL

IMPRIMERIE DE L. MOREAU

1892

SECONDE RÉPONSE
DU MARQUIS DE MAILLY-NESLE
A M. LE COMTE DE COURONNEL

M. le comte de Couronnel a répondu à mon travail : *Origines de la famille Couronnel* (travail qu'il a lui-même provoqué) par une brochure de sept pages intitulée : *Les nouveaux Mailly-Nesle,* dans laquelle il explique à sa façon le procès-verbal du 19 octobre 1891 ; il ne parviendra à tromper personne. Mes témoins ont exigé en mon nom *excuses* et *rétractations*[1]. M. de Couronnel a cédé sur tout. Séparé par la distance, il m'attaque encore et semble désavouer ce qu'il accordait quand il était en ma présence. Cette façon d'agir ne changera nullement l'opinion du public à son égard. J'avais envoyé ma brochure à des personnes aptes à juger le diffé-

---

1. Voir, *Origines de la famille Couronnel*, p. 63.

rend qui nous divise. M. de Couronnel, sachant sa cause perdue de ce côté, a inondé mon village de son *factum*. Il serait bien étonné s'il entendait comment sa conduite est qualifiée. Il n'est pas parvenu à tromper le bon sens des villageois qui cependant n'ont guère le temps de s'occuper de nos discussions généalogiques.

Son petit écrit pourrait rester sans réplique de ma part, car il laisse ma thèse absolument intacte, c'est-à-dire que les Couronnel, anoblis sur la fin du XVe siècle dans la personne de Clérembault Couronnel, n'ont aucune communauté d'origine avec la maison de Mailly. La question est donc résolue de ce côté et tous les raisonnements du monde ne parviendront pas à établir une parenté quelconque entre deux familles distinctes. M. le comte de Couronnel peut tourner et retourner ses papiers, fouiller les Archives nationales, celles du Nord, du Pas-de-Calais et de la Somme, il ne rencontrera aucun document ancien l'autorisant à s'approprier le nom de Mailly.

Je n'aurais donc pas repris la plume si M. le comte de Couronnel n'avait, par une manœuvre peu historique, abandonné son terrain Couronnel pour contester la filiation de la *Maison de Mailly*.

Plus que mon contradicteur j'aime la lumière et je suis heureux de lui annoncer qu'il va paraître à la fin de cette année une *Histoire critique* de ma famille, histoire ou chaque affirmation sera appuyée sur une ou plusieurs preuves, dans laquelle ce qui est douteux, probable ou certain sera donné comme douteux, probable ou certain. M. le comte de Couronnel aura le loisir d'y étudier le passé d'une famille sur laquelle il n'a que des aperçus insuffisants.

En attendant, je vais publier la liste de mes ancêtres en m'appuyant sur un généalogiste dont la notoriété est généralement admise. J'ai nommé le Père Anselme[1]. Voici, d'après cet auteur dont je recommande la lecture à M. le comte de Couronnel, la filiation de la maison de Mailly.

*
* *

1° *Anselme de Mailly*, né vers 1020, lieutenant de Richilde, comtesse d'Artois (lire de Flandre), gouverneur de ses états avec Dreux de Coucy et tué au siège de Lille en 1070. Il eut pour fils :

2° *Gautier de Mailly*, chevalier, père de

3° *Nicolas de Mailly,* qui commanda la flotte des Croisés de Flandre avec Jean de Néelle en

---

1. *Histoire généalogique de la maison royale de France,* t. VIII, pp. 625 à 663.

1200. Nicolas épousa Amélie de Beaumont d'où :

4° *Gilles I de Mailly*, marié avec Avicie de Heilly.

5° *Gilles II de Mailly*, époux de Jeanne d'Amiens.

6° *Jean de Mailly*, mari de Jeanne de Coucy.

7° *Gilles III de Mailly*, marié à Péronne de Raineval.

8° *Gilles IV de Mailly*, époux de Marguerite de Frieucourt.

9° *Gilles V de Mailly*, uni à Jeanne de Moreuil.

10° *Gilles VI de Mailly*, mari de Jeanne de Donquerre.

11° *Colard, sire de Mailly*, mort à Azincourt en 1415. Il avait épousé Marie de Mailly de la branche de l'Orsignol. De ce mariage vint en particulier.

12° *Jean II de Mailly*, marié avec Catherine de Mametz [1].

---

1. L'union de Jean de Mailly avec Catherine de Mametz est contestée par M. de Couronnel (p. 3). C'est bien à tort, car il existe plusieurs documents authentiques prouvant le mariage de ces deux personnages : d'abord le contrat de mariage de Philippe de Noyelle avec Antoinette de Mailly, fille de « *Jehan de Mailly et de damoiselle Katherine de Maumez ;* » 2° un compte du domaine d'Arras en 1508 « portant que damoiselle Marie de Mailly, fille et héritière de feu *Jehan de Mailly* et de damoiselle *Katherine de Mamez*, a payé la somme de 4 livres parisis... ; » 3° un procès en Parlement du 12 avril 1513 (v. s.) soutenu par Marie de Mailly, fille de *Jean de Mailly* et de *Catherine de Maumez*, etc.

13° *Jean III de Mailly* et Isabelle de Cayeu.

14° *Jean IV de Mailly* et Isabeau d'Ailly.

Du mariage de Jean de Mailly et d'Isabeau d'Ailly naquirent, 1° *Antoine* continuateur de la branche aînée qui épousa Jacqueline d'Astarac, cousine[1] *du roi François Ier* ; 2° *Adrien de Mailly*, auteur de la branche d'*Haucourt* ; 3° *Jacques de Mailly*, marié avec Marie de Vignacourt, dont je reparlerai pour répondre à une insinuation de M. de Couronnel. — J'abandonne la postérité d'Antoine de Mailly pour suivre celle d'*Adrien de Mailly*, mon ancêtre.

15° *Adrien de Mailly*, seigneur d'Haucourt, épousa Françoise de Bailleul, d'où :

16° *Edme de Mailly*, marié deux fois.

17° *François de Mailly* et Marie d'Hallencourt.

18° *François II de Mailly* et Marie Turpin de Crissé.

19° *Philippe de Mailly* et Guillaine du Biez.

20° *Antoine de Mailly*, marié trois fois.

21° *Joseph de Mailly*, marié avec Louise-Madeleine-Josèphe-Marie de La Rivière, dame de La Roche-de-Vaux (actuellement La Roche-Mailly, où j'habite), d'où

22° *Augustin-Joseph de Mailly*, comte de Mailly,

---

1. 1519 (v. s.), 3 février. La Rochelle. — François 1er fait don à *sa chère et amée cousine*, Jacqueline d'Astarac, des droits de rachat dus à cause de la mort de son mari, Antoine de Mailly (Arch. de la Roche-Mailly. Orig. parch.).

marquis d'Haucourt, gouverneur d'Abbeville, lieutenant-général du roi en Roussillon, créé maréchal de France le 14 juin 1783. Le maréchal de Mailly se maria trois fois, 1° à Constance Colbert, fille de J.-B. Colbert, marquis de Torcy, ministre des affaires étrangères sous Louis XIV, 2° à Marie-Michelle de Séricourt, 3° dans la chapelle des Tuileries, à Blanche-Charlotte-Marie-Félicité de Narbonne-Pelet.

Le contrat de son premier mariage, avec Constance Colbert, fut passé les 15 et 20 avril 1732, « de l'agrément de leurs Majestés le Roi et la Reine, et en présence de S. A. R. Madame la duchesse d'Orléans, douairière de monseigneur le duc d'Orléans, et de leurs Altesses Sérenissimes Mesdames les princesses de Conty, première et seconde douairières, de Monseigneur le prince de Conty et de Madame la princesse de Conty, de Mesdemoiselles de Charolois, de Clermont et de la Roche-sur-Yon, leurs Altesses Sérenissimes, *nées cousins et cousines dudit seigneur comte de Mailly,* et de Son Éminence monseigneur le cardinal de Fleury, ministre d'Etat, et encore en présence et du consentement des seigneurs et dames parents dudit seigneur comte de Mailly et damoiselle de Torcy, sçavoir de la part dudit seigneur, des seigneurs et dame, ses père et mère, ...de très haute et puissante princesse madame

Marie-Marguerite-Louise, née comtesse de Millendonck, sa cousine paternelle du 5ᵉ au 6ᵉ degré, veuve de très haut et très puissant prince monseigneur Alexandre-Emanuel, prince et comte de Croy et de Solre, ...de très haute et très puissante princesse madame *Charlotte de Mailly de Nesle, princesse de Nassau, sa cousine paternelle,* épouse de S. Altesse monseigneur le prince Emanuel de Nassau-Sieghen,... de haut et puissant seigneur *Louis-Alexandre de Mailly,* chevalier, seigneur de Fresney, la Neuville et autres lieux, *son cousin paternel,* etc., etc., etc. »

Le comte de Mailly eut de son second mariage Louis-Marie de Mailly, maréchal de camp, qui fut créé duc par brevet du 2 février 1777.

Il avait épousé Marie de Talleyrand-Périgord, fille du comte de Périgord, prince de Châlais, dame d'atours de la reine Marie-Antoinette (1775-1781). Ce duc de Mailly ne laissa pas de postérité.

Du troisième mariage du *Maréchal de Mailly*, mort sur l'échafaud révolutionnaire à Arras, en 1794, naquit :

23° *Adrien-Augustin-Amalric de Mailly,* comte de Mailly, pair de France, marquis de Nesle en vertu de la substitution de 1700, marié à Henriette-Eugénie de Lonlay de Villepail et mort le 1ᵉʳ juillet 1878 au château de La Roche-Mailly.

Le marquis de Mailly-Nesle, dernier de la branche aînée de Nesle, filleul du *maréchal de Mailly*, étant décédé sans enfants mâles en 1810, le comte de Mailly, fils du maréchal, devenait *ipso facto* marquis de Nesle, comme le plus proche parent de nom et armes de son *cousin paternel* le marquis de Mailly-Nesle[1]. Mon grand-père qui savait que le titre de marquis de Nesle ne donne aucune préséance sur celui de comte de Mailly, fit prendre le qualificatif de Nesle à son fils aîné, Ferry-Paul-Alexandre de Mailly, qui suit. Il n'était nullement besoin d'une sanction royale quelconque pour profiter d'un héritage établi par la substitution de 1700[2].

24° *Ferry-Paul-Alexandre de Mailly*, comte de Mailly, marquis de Nesle, né le 5 décembre 1821, marié à Barbe-Joséphine Odoard du Hazé, desquels est né

25° *Arnould de Mailly*, marquis de Nesle, contradicteur de M. le comte de Couronnel.

Je le répète encore une fois, toutes ces filia-

---

1. Parmi les nombreuses pièces où le marquis de Nesle est désigné comme cousin paternel du comte de Mailly, il faut citer l'acte de nomination d'un tuteur à la substitution de Nesle, passée au Châtelet.

2. Le comte de Mailly eut deux fils, 1° *Ferry-Paul-Alexandre de Mailly*, et 2° *Anselme de Mailly*, tué à l'armée de la Loire le 2 décembre 1870. Par une remarquable coïncidence, le premier de mes auteurs connu, *Anselme de Mailly*, fut également tué en 1070 au siège de Lille, huit cents ans auparavant.

tions sur lesquelles je ne puis m'étendre davantage dans cette courte réponse, seront prouvées dans l'*Histoire de la Maison de Mailly* avec d'amples développements.

Si la descendance de M. de Couronnel, qui veut être Mailly, était aussi incontestable que la mienne il aurait le plaisir de contempler ses ancêtres *à côté des miens* dans les grandes généalogies du P. Anselme et de Moréri [1].

⁂

Au 14ᵉ degré de ma filiation, je me suis reservé de parler plus longuement de *Jacques de Mailly*, marié avec Marie de Vignacourt, frère d'Antoine et d'Adrien de Mailly. C'est pour répondre à ces lignes de M. de Couronnel : « Des Mailly, qui le touchent de près (il s'agit de moi), paraissent avoir vécu beaucoup plus médiocrement que les bourgeois d'Arras ; ainsi nous trouvons, sous les charniers du cimetière des Innocents à Paris, l'épitaphe suivante.

« Cy-devant soubs ce charnier gist *noble*

---

1. M. le comte de Couronnel est certainement hanté par l'idée de grandir sa famille. Pourquoi alors ne cherche-t-il pas à la rattacher à *Pierre Coronel*, gentilhomme aragonnais dont la fille *Marie-Ximenez Coronel* morte en 1347, épousa Pierre, bâtard de Portugal, ou bien encore à *Alfonse-Fernandès Coronel*, père de *Marie Coronel*, qui épousa Jean d'Espagne, vers 1357 (P. Anselme, t. I, p. 585 ; t. VI, p. 163).

homme Jacques de Mailly, en son vivant seigneur en partie d'Estrée en Cauchiée, et premier huissier du roy en sa cour de Parlement, lequel trespassa le mardy premier jour d'aoust mil V° LIII. — *Suit le dessin pris* par permission de MM. de Saint-Germain-l'Auxerrois..., étant observé que les armes cy-dessus sont *d'or à trois maillets verds.* »

M. le comte de Couronnel croit probablement m'embarrasser avec noble homme *Jacques de Mailly, premier huissier en Parlement,* lequel, portant comme moi *trois maillets verds dans ses armes,* semble me toucher de très près.

Avant d'expliquer à M. de Couronnel mon impassibilité en face de l'honorable huissier ci-dessus mentionné, je lui ferai remarquer qu'il n'a pas compris la fin de l'épitaphe. Les mots « Par permission de MM. de Saint-Germain-l'Auxerrois, » gravés sur la tombe au-dessous des armes, signifiaient que l'inhumation de Jacques de Mailly, sous les charniers des Innocents, avait été faite avec l'autorisation de MM. de Saint-Germain-l'Auxerrois et non que le dessin de sa sépulture avait été pris avec leur permission. Quand on fait des citations, il faut toujours rester dans la plus rigoureuse exactitude.

Ce petit point établi, je me mets à la disposition de M. de Couronnel pour étudier le personnage qui, d'après lui, vivait beaucoup plus médiocrement que les bourgeois d'Arras c'est-à-dire que ses ancêtres, *Pierre, Gérard, Hue, Charles et Clérembault.*

Jacques de Mailly nous apparaît pour la première fois le 9 juin 1510, sans qualification nobiliaire, avec le titre d'huissier de la cour de Parlement. Il reçoit alors la somme de 110 livres tournois pour ses dépenses d'un voyage fait à Blois vers le roi François Ier, au sujet de la publication des coutumes des bailliages d'Orléans, de Meaux, de Vitry, de Chaumont-en-Bassigny et de Troyes. En 1528, de simple huissier, il devint premier huissier et en 1537, il obtint des lettres de provision de survivance pour son fils François de Mailly. Le 16 août 1543, la cour de Parlement lui enjoignit de se transporter dans tous les couvents de Paris et des faubourgs pour exhorter les religieux de ces maisons « à faire prières et oraisons envers Notre-Seigneur.... pour la prospérité, santé et bon portement des personnes du roy, messeigneurs ses enfants et bonne conduite de son exercite (armée) » contre Charles-Quint.

Jacques de Mailly mourut en 1553 et fut enterré sous les charniers des Innocents où l'on voyait autrefois son épitaphe dans laquelle il était qualifié « noble homme Jacques de Mailly, en son vivant *seigneur en partie d'Estrée en Cau-*

chiée et premier huissier du roi en sa cour de Parlement. » De plus, comme l'a justement remarqué M. le comte de Couronnel, il portait pour armes, *d'or à trois maillets verts*.

M. de Couronnel, qui me paraît étranger à toute critique historique et qui se contente de certaines similitudes dans les noms et dans les blasons pour créer des parentés, a vu dans *Jacques de Mailly, huissier au Parlement*, un membre de ma famille et il semble vouloir l'identifier avec *Jacques de Mailly*, écuyer, époux de Marie de Vignacourt, frère d'*Adrien de Mailly*, auteur de la branche d'Haucourt, mon ancêtre direct.

Jacques de Mailly, huissier au Parlement, pourrait être un membre de ma famille sans que l'importance féodale de celle-ci en fût diminuée. Il n'était pas rare autrefois de rencontrer des cadets de grandes maisons vivre, pour différents motifs soit de fortune, soit de malchance, dans des situations inférieures. L'histoire généalogique abonde en exemples de ce genre.

Si Jacques de Mailly, huissier au Parlement, était incontestablement le frère d'Adrien de Mailly, mon ancêtre direct, je n'hésiterais pas une seconde à le reconnaître comme tel. Mais mon respect de la vérité m'empêche de faire cette concession à M. le comte de Couronnel.

Jacques de Mailly, marié à Marie de Vignacourt, frère d'Adrien de Mailly, est qualifié, dès 1501, *écuyer, seigneur de Vienne-sur-l'Eglantier* [1], tandis que *Jacques de Mailly,* huissier au Parlement, *seigneur en partie d'Estrée-en-Cauchie,* ne prit jamais durant sa vie le titre d'écuyer. Ce n'est que dans son épitaphe qu'il est dit *noble homme.*

M. de Couronnel ignore probablement que nombre d'individus, dans ces époques déjà lointaines, prenaient le nom de leur pays d'origine. Tout porte à le croire, Jacques, huissier au Parlement, était né dans le village de Mailly, comme *Marion de Mailly* que je trouve en 1431 à l'hôpital des Quinze-Vingts à Paris [2], *Simon de Mailly,* marchand, bourgeois de Paris, et *Bertrand de Mailly,* bonnetier à Paris [3], absolument étrangers à ma famille.

Je connais un certain *Gillet de Laval,* geôlier des prisons de la Conciergerie en 1485. Personne n'a encore songé à lui assigner, à cause de son nom, un rang dans l'illustre maison de Laval-Montmorency, au milieu de tous les Guy de Laval si connus dans l'histoire. Gillet de

---

1. Arch. nat., P 483, fol. 322.
2. Léon Le Grand, *Les Quinze-Vingts depuis leur fondation jusqu'à leur translation au faubourg Saint-Antoine,* p. 158, note 4.
3. Bibl. nat. *Pièces originales,* t. 1801, *Mailly* 41636, n° 6.

Laval était originaire de Laval tout comme l'huissier Jacques de Mailly était originaire du village de Mailly.

Je demande pardon à mes lecteurs versés dans les questions historiques d'avoir insisté sur cette vérité élémentaire. Cette petite leçon était nécessaire pour bien fixer les idées un peu vagues de M. de Couronnel.

Reste la similitude des armes *(d'or à trois maillets verts)* portées par Jacques, originaire de Mailly, huissier au Parlement. Cette coïncidence ne prouve rien. L'huissier Jacques de Mailly avait pu obtenir du roi la concession de ce blason ou simplement l'usurper selon un usage que M. de Couronnel semble connaître. Je ferai enfin observer à mon contradicteur que la description du blason de Jacques de Mailly, huissier au Parlement, ne fut faite que le 1er septembre 1768, c'est-à-dire deux-cent-vingt-cinq ans après la mort du personnage. Pendant ces deux siècles, l'écusson qui nous intéresse, « attaché au pilier de la dixième arcade » des charniers, exposé aux intempéries des saisons et à des modifications voulues, avait eu le temps de passer par toutes les couleurs de l'arc-en-ciel.

Une modification d'armoiries n'est pas chose inouïe. M. le comte de Couronnel sait peut-être qu'au cours du procès qui se termina par l'arrêt de 1782, une main plus ou moins inconnue effaça la barre de l'écusson Couronnel au cimetière Saint-Nicaise d'Arras, afin de rendre cet écusson semblable à celui des Mailly l'Orsignol[1].

*
* *

Je ne garde aucune rancune à M. le comte de Couronnel de la polémique qu'il m'oblige à soutenir contre lui. Aussi, vais-je profiter de l'occasion qui m'est offerte pour rectifier encore deux erreurs de ses *Souvenirs d'une ancienne famille.*

M. le comte de Couronnel affirme dans son livre (page 22) que Gérard Couronnel, mort en 1381, était seigneur de Loiselet. C'est impossible. La maison de Loiselet ne vint aux Couronnel qu'en 1498, d'après un document authentique du 11 juin[2].

---

1. Manuscrit d'Abbeville.
2. 11 juin 1498. Vente par Martin Gallet le joene, saielleur, et Agnez Le Févre, sa femme, par avant veuve de feu Robert de Paris, demeurant à Arras, à Jeanne de Paris, veuve de feu maistre *Clarembault Couronnel*, demeurant au dit Arras, moyennant 96 liv. 2 den. de 20 sous la livre, de la maison *de Loyselet*, séant au dehors de la porte Saint-Michel, auprès du château de Bellemotte, tenant à la maison dudit Saint-Michel et à celle de Luyton, et par devant aux prés et courant d'eau derrière l'église et maison dudit Saint-Michel, appartenant à l'église Saint-Waast d'Arras, dont elle est tenue; par devant Philippe Marchant et Porus le Bailli, auditeurs au bailliage d'Amiens. — Expédition signée sur le repli : Marchant; jadis scellée de trois sceaux. »

A la page 92 on lit que Jeanne de Paris, femme de Clérembault Couronnel, avait épousé en premières noces *Richard de Crespon, d'une des premières familles du comté de Namur*.

Cette affirmation est complètement fausse *Jeanne de Paris* ne prit jamais en mariage *Richard de Crépon d'une des premières familles du comté de Namur*. Ce fut *Jacqueline* ou *Jaquemine de Pacy*, femme de Charles Couronnel, qui s'unit en premières noces à *Cardinet de Crépon, valet de chambre* du duc de Bourgogne. A cette occasion, le duc donna à la dite Jaquemine « par manière de douaire, les prouffits des jeuz de déz, tables, quilles et brelens » des villes d'Ypres et d'Ostiperambocht. Le 17 juin 1461, « Phelippe, par la grâce de Dieu, duc de Bourgoigne, » renouvela cette donation en faveur de son amé et féal conseiller *Charles Couronnel* et *Jaquemine de Pacy*, sa femme, paravant femme de feu *Cardinet de Crépon,* en son vivant nostre *varlet de chambre*[1]. »

M. le comte de Couronnel fait allusion dans ses *Nouveaux Mailly-Nesle* à un projet de mariage entre son aïeul et la fille du marquis de Nesle. Je crois difficilement que le marquis de

---

1. Je regrette que la longueur de cette curieuse pièce ne me permette pas de la donner ici *in extenso*; mais M. de Couronnel pourra en trouver l'original aux archives départementales du Nord, à Lille, B, 1608, 13ᵉ registre des chartes, folio 35, verso.

Nesle, qui accorda sa fille au fils du duc d'Aremberg et de la comtesse de La Marck, ait songé un instant à l'unir à *un monsieur Coronel*, comme il le désigne dans sa lettre du 3 mai 1808[1].

Je pourrais émettre ici maintes autres réflexions touchant les *Souvenirs* et les *Nouveaux Mailly-Nesle* de M. le comte de Couronnel. C'est un exercice auquel je trouve inutile de me livrer aujourd'hui. Cependant je tiens à critiquer les lignes suivantes de mon contradicteur :

« Nous ne voudrions pas entrer dans une discussion touchant à des intrigues, dont nos parents n'ont jamais voulu parler; mais, il m'est impossible de ne pas reconnaître ici la trace de ces coteries, malheureusement trop célèbres, à la fin du siècle dernier, et qui ont été si funestes à la cause de la monarchie. »

Hélas, M. de Couronnel, depuis la création du monde jusqu'à nos jours, *chaque famille, sans exception,* s'est fournie de déchirements, et d'intrigues. Toutes ces faiblesses inhérentes à la nature humaine ne peuvent éclairer nos discussions généalogiques. Les récits plus ou moins édifiants n'ont d'intérêt que pour l'étude des mœurs, comme chapitre supplé-

---

1. *Origines de la famille Couronnel*, p. 39.

mentaire aux Historiettes de Tallemant des Réaux. Je déplore la marche prise par la Révolution, mais en bonne conscience, il me répugne de croire que ce sont « des intrigues, dont nos parents n'ont jamais voulu parler, » qui ont déterminé l'épouvantable ébranlement de la société à la fin du XVIII° siècle.

En terminant, j'engage énergiquement M. de Couronnel à bien considérer que je ne suis jamais sorti « de la réserve établie au sujet des familles » et que je suis toujours resté dans le sujet qui m'intéresse. Quand un étranger se promène dans mon domaine sans aucune autorisation, il m'est loisible de lui faire comprendre qu'il ne foule pas son terrain. Je n'ai pas ouvert le feu et je ne tiens pas à prononcer le dernier mot. Il me suffit d'avoir raison. Toutefois, je veux faire remarquer de nouveau à mon contradicteur que j'ai exigé de lui des *excuses* et des *rétractations*. Il me les a faites et je suis étonné qu'il les ait oubliées dans son voyage de Paris à Magnac-Laval.